Scholem Alejchem

METHUSALEM

Scholem Alejchem

METHUSALEM

Die Geschichte eines Pferdes

Altberliner Verlag

Mit Reproduktionen nach Kaltnadelradierungen
von Regine Grube-Heinecke

Methusalem – diesen Namen hat man ihm in Kasrilewka gegeben, weil er schon viele Jahre hinter sich gebracht hat, kein ganzer Zahn sich mehr im Maul fand, außer zwei oder drei Stümpfen, mit denen er schwer und mit Mühe kaute, so gut es ging. Hochgewachsen und mager, mit einem ausgegangenen Fell, einem krummen Rükken und trüben Augen, auf einem den grauen Star, das andere gerötet, krummbeinig, spitze Hüftknochen, eingefallene Flanken, die untere Lippe ein wenig herabgelassen, als ob er weint, den Schwanz wie ausgerupft – da habt ihr sein Bild. Und in seinen späteren Jahren hat er in Kasrilewka beim Wasserträger Kasriel gedient, im Pferdegeschirr.

Von Natur ist Methusalem ruhig gewesen, doch geplagt und zum Bedauern abgezehrt. Angestrengt hat er sich den ganzen Tag im lehmigen Kasrilewker Morast und die Stadt für Tag und Nacht mit Wasser versorgt. Da war er dann froh, wenn man ihn aus dem Geschirr gespannt, etwas

Stroh untergeworfen und wenn Kasriel ihm den Holztrog hingestellt hat, mit einem Gesicht, mit dem man einem würdigen Gast eine Schüssel mit Fisch oder Krapfen aufträgt. Aus dem genannten Holztrog pflegte Methusalem zufrieden herauszuschauen, allemal fand sich dort ein aufgeweichtes Stück Brot, ein bißchen Brei und dergleichen weiche Sachen, die sich für seine Zähne gefunden haben. Den ganzen Tag sammelte Kasrielicha für Methusalem, was ihr in die Hände kam, und warf es in den Trog, damit das Pferd zu essen hat. Und Methusalem hat sich dabei mit dem Gesicht und auch mit dem Hintern – verzeiht das Wort – zu Kasrielicha gedreht, als ob er sagen wollte: »Dank euch für euer Salz und Brot.« Dabei ließ er die Unterlippe noch weiter fallen, schloß das Auge, mit dem er sehen konnte, und versank in die tiefen Gedanken eines Pferdes.

Meint deswegen nicht, daß Methusalem schon immer so

ein Pferd gewesen ist, wie es hier beschrieben wird. In seinen frühen Jahren, als es noch ein Füllen gewesen und der Mutter hinter dem Wagen nachgelaufen war, hatte es sich wie jedes gute Pferd entwickelt. Leute, die es wissen müssen, hatten prophezeit, daß es ausgewachsen ein wunderbares Pferd sein würde.

»Ihr werdet es sehen«, sagten sie, »es wird noch einmal mit den schönsten und besten Pferden vor eine Kutsche gespannt werden!« Und das Füllen ist gewachsen und ein Pferd geworden, da hat man ihm – vergebt ihnen – einen Zaum angelegt und es auf den Jahrmarkt geführt, zwischen die übertrieben ausgeputzten Pferde gestellt, fünfzigmal hin und zurück getrieben, ihm alle Minuten ins Maul geschaut, die Füße angehoben und die Hufe betrachtet und von einem zum anderen gereicht.

Damals begann eine lange Wanderung, ein Herumziehen von einem Ort zum anderen, ein Wechsel von einem

Herrn zum anderen, ein Schleppen von großen, schweren Wagen mit dreißig Pud Ladung, ein Plagen bis zum Bauch im Morast und viel Drangsal von Peitschen und vom Schlagen mit Stöcken in die Seiten, auf den Kopf und auf die Füße und überallhin.

Eine ganze Zeit ist es in einem Postwagen in der Deichsel gegangen, unter einer Glocke, die hat nicht aufgehört in seinen Ohren zu klingen: Kling-kling-klang! Kling-kling-klang! Und verrückterweise sind alle auf einer und derselben Landstraße hin- und zurückgelaufen. Nachdem kam es zu einem gewöhnlichen Bauern, der hat es zu allen Arbeiten eines Ochsen benutzt, geackert und gesät, es vor einen schrecklich großen Wagen mit Korn gespannt, vor eine Wassertonne oder eine Fuhre Pferde- und Kuhmist. Dergleichen grobe Arbeiten hat er ihm noch mehr gegeben, an die es nicht gewöhnt war. Von dort ist es einem Zigeuner in die Hände gefallen. Der Zigeuner hat mit ihm solch gemeine Sachen gemacht, die es nicht vergessen wird, solange es lebt, hat ganz bösartig nachgeholfen, daß es schnell läuft. Vom Zigeuner kam es in eine Herde mit vielen Pferden, und nun hat sich in einer kurzen Zeit etwas verändert. Es kam nach Masepowka zu einem Fuhrmann mit einem schweren Wagen, den man »Hütte« nannte, beschlagen mit Eisen, mit allerhand Glöckchen und einem sonderbar seltsamen zerschlissenen Schutzdach. Beim Fuhrmann mit dem Planwagen hat es Schläge von Peitschen und Stöcken bekommen ohne Zahl, als ob ein Pferdefell von Leder wäre und nicht aus Fleisch und Blut, als ob die Seiten eines Pferdes aus Eisen wären und nicht von Knochen. Weh, weh, wie oft stöhnte es, wenn es die Füße schwer anstrengte, ein Ziehen wie von einer Zange in den Waden fühlte und im Bauch eine schwere Last verspürte. Und er, der hartherzige Fuhrmann, rief »Hü!« und »Hott!« und half mit der Peitsche und einem

Schlag mit der Knute nach — könnt ihr das vielleicht verstehen?

Ein wenig Glück gab es trotzdem. Der Fuhrmann hat einen Tag in der Woche eingeführt, an dem man an einem Ort blieb, man stand und kaute und man tat gar nichts.

Methusalem versank nicht einmal in Träume. Sein Pferdeverstand konnte nicht begreifen, was der Sinn dieses Tages war, an dem man sich nicht von der Stelle rührte.

Und warum soll es nicht immer so sein? dachte er, stellte die Ohren auf, schloß das kranke Auge und schaute mit dem anderen auf seine zwei Gefährten, die neben ihm standen, mit ihm angebunden am Wagen.

Vom Fuhrmann mit der Hütte kam er zur Arbeit an eine Dreschmaschine, drehte sich den ganzen Tag um ein Rad herum und hat viel Spreu geschluckt. Staub ist ihm in die Nase gekrochen, ins Maul und in die Augen; und betäubt hat ihn der Krach und Lärm.

Was geschieht durch das ewige Drehen? fragte er sich mehr als einmal und wollte für eine Minute ausruhen. Wer hat sich und warum das Drehen an einem Ort ausgedacht? – Man hat ihn aber nicht lange überlegen lassen, hinter ihm stand einer mit einer Peitsche und trieb ihn an:

»Hü-hü! Hü-hü!«

Barbar, dachte er und warf einen Blick auf den mit der Peitsche. Ich wollte einen sehen, dem es hier Spaß macht, und dich sollte man hier an das Rad einspannen und dich unterjochen, du solltest dich gegen deinen Willen hier drehen müssen.

Man versteht es, daß er von solch einem mühevollen Drehen ein Krüppel wurde, auf einem Auge den grauen Star, das andere gerötet, und auch die Füße hatten gelitten. Mit solchen schlimmen Mängeln hat er eigentlich nichts mehr getaugt, so hat man ihn wieder einmal auf den Jahrmarkt geführt, vielleicht würde man ihn an jemanden losschlagen können. Man hat ihn ganz fein gestriegelt, herausgeputzt, den Schwanz gestutzt und untergebunden und die Hufe mit Fett eingefärbt. Es hat aber nichts genutzt — die Welt narrt man nicht. Sosehr man ihn gequält hatte, er sollte sich jung halten, den Kopf mit Stolz tragen — doch er hat einen Seufzer getan, den Kopf mit großer Demut niedergesenkt, die Füße gekrümmt, die Unterlippe auf einer Seite ein wenig herabhängen und aus einem Auge eine Träne fließen lassen; es hat sich für ihn kein Interessent gefunden!

Ein paar Menschen sind auf ihn zugegangen, um ihm ins Maul zu fühlen, sie haben aber gar nicht geschaut, sondern sind mit der Hand nur so über das Kinn gefahren, haben ausgespuckt und sind weggegangen. Einer aber hat sich eingefunden, doch nur wegen seines Fells. Man konnte sich aber nicht auf den Preis einigen, und der Fellhändler hatte mit einer Rechnung bewiesen, daß es nicht lohnte, ihn wegzubringen und aus der Welt zu schaffen und daß das ganze Abschinden mehr gekostet hätte, als das Fell wert war.

Es ist ihm aber ein guter Mensch begegnet. Der Wasserträger Kasriel ist eingesprungen und hat ihn mit nach Kasrilewka gebracht.

Bisher ist Kasriel, der Wasserträger, ein breitbeiniger Jude mit einer platten Nase und einem von oben bis unten bärtigen Gesicht, allein gewesen, und allein war auch das Pferd. So hat er sich — verzeiht — selbst in die Riemen gespannt, um für die Stadt das Wasser zu bringen. So schwer Kasriels ganzes Leben gewesen ist, auf keinen Menschen auf der Welt ist er neidisch gewesen, nur wenn er jemanden mit einem Pferd fahren sah, pflegte er sich hinzustellen und sehr lange dessen Schritten nachzuschauen. Sein einziger irdischer Wunsch ist gewesen: Gott möge ihm helfen, daß er ein Pferd erwerben kann. Obwohl er nicht wählerisch war, nie konnte er soviel Geld zusammenbekommen, um dafür ein Pferd zu kaufen. Trotzdem hat er keinen Jahrmarkt ausgelassen, obwohl er nicht zwischen den Pferden herumlaufen sollte, um einen sanften Blick auf sie zu werfen. Da sah er ein unglückliches, verirrtes, geschlagenes Pferd inmitten des Jahrmarkts stehen, ohne einen Zaum und nirgendwo angebunden. Und Kasriel hat gezögert. Sein Herz sagte ihm, daß dieses Pferd seinem Geldbeutel angemessen war.

So geschah es. Er hat nicht lange feilschen brauchen: Kasriel hat das Pferd genommen und ist mit einem fröhlichen Herzen heimgelaufen. Zu Hause angekommen, hat er an die Tür geklopft, und seine Frau trat erschrocken heraus: »Was ist das? Gott sei mit dir!«

»Gekauft, so wahr ich ein Jude bin, gekauft!«

Kasriel und Kasrielicha haben nicht gewußt, wohin mit dem Pferd. Schnell haben sie ein wenig Stroh und Heu be-

schafft, und Kasriel und Kasrielicha haben sich hingestellt, sich am Pferd erfreut und konnten sich gar nicht an ihm satt sehen.

Auch die Nachbarn sind gekommen, um den ehrlichen Kauf zu begutachten, anzuschauen, was Kasriel vom Jahrmarkt gebracht hat. Man hat über das Pferd gelacht, gespottet, allerlei Worte flogen hin und her — wie gewöhnlich. Einer hat die Weisheit von sich gegeben, daß das Pferd gar kein Pferd sei, sondern ein »Maulesel«! Und ein anderer hat gefragt: »Ein Wassermaulesel? Es ist gar eine Katze!« Der dritte sagte: »Es ist ein Gespenst, man muß es vor einem Windstoß behüten, denn ein rechter Wind kann es — Gott verhüte es — hinwegfegen.«

»Wie alt kann es sein?« fragte einer.

»Mehr als Kasriel und Kasrielicha in einem.«

»Also Methusalems Jahre.«

»Methusalem!«

Und seitdem hatte es einen Namen: »Methusalem« – alle seine Tage.

Dafür ist es ihm aber bei Kasriel, dem Wasserträger, wie noch nie, selbst wie in den guten Jahren nicht, ergangen. Erstens war die Arbeit lächerlich. Ein Faß Wasser schleppen und sich bei jedem Haus ausruhen – das wäre auch mir eine Arbeit! Und der Hausherr ist wie ein Diamant! Der Mensch soll sich zurückhalten, kein lautes Geschrei machen und die Peitsche nur der Sitte wegen halten! Nun, das Essen, Hafer schaute er nie an, aber was taugte ihm Hafer, wenn er von Natur aus nichts mehr zum Kauen hatte? War da nicht der Holztrog mit den weichen Stücken Brot, den Kasriel ihm alle Tage brachte, besser? Man mußte sehen, wie Kasrielicha, die Hände auf das Herz gelegt, dastand und sich über Methusalem freute, während er aß – möge er nicht durch einen bösen Blick behext werden. Wurde es Nacht, breitete man ihm im Hof ein wenig

Stroh aus, und immer wieder kam Kasriel oder Kasrielicha heraus, um sich zu vergewissern, daß man ihn – Gott behüte! – nicht entführt hatte. Ganz früh, wenn selbst Gott noch schlief, war Kasriel schon beim Pferd. Gemächlich spannte er es ins Geschirr, setzte sich auf und fuhr zum Teich nach Wasser; dabei sang er nach einer sonderbaren Melodie: »Aschri haisch aschr la hld ...«

»Wie wohl ist dem Menschen«, heißt dies, »der nicht zu Fuß geht.« Und war das Faß mit Wasser gefüllt, ging er zurück schon zu Fuß, ohne eine Melodie, plagte sich gleich Methusalem im Morast, schwang die Peitsche: »Nun denn, Methusalem, rühr dich, rühr dich!«

Methusalem zog die Füße aus dem Schlamm, schüttelte den Kopf und warf mit seinem Auge einen Blick auf den Herrn und dachte sich dabei: Seitdem ich ein Pferd bin, habe ich noch nicht bei solch einem komischen Wesen gedient. Und das Pferd überlegte es sich anders, ruckte mit den Hinterbeinen und blieb spaßeshalber mitten im Morast stehen, als ob es denken würde: Nun laß sehen, was wird daraus werden?

Hatte er gesehen, daß das Pferd plötzlich stehen blieb, fing Kasriel an, sich um das Geschirr zu drehen, betrachtete die Räder, die Achsen, die Stricke, und Methusalem wendete den Kopf zu Kasriel und verzog die Lippen wie zu einem Lächeln und dachte: Ein Dummkopf ist der Wasserträger! Ein großer Narr, einfach ein Rindvieh!

Eine gute Ordnung soll auf der Welt sein – dem ist nicht so. Sosehr sich Methusalem später bei Kasriel und Kasrielicha glücklich fühlte, sosehr ist er herumgestoßen worden, hat Unglück ausgestanden, Leiden und Schande – dies von ihren Kindern, von ihrer Nachbarn Kinder und anderen Kindern.

Von der ersten Minute an, als das kleine Volk ihn sah, bekamen sie eben so eine Art ... keine Feindschaft, das

liege fern, im Gegenteil, sie hatten ihn wirklich lieb, nur ist die Liebe für Methusalem eine Marter gewesen. Gott gebe, sie hätten ihn besser weniger geliebt und ein wenig mehr Mitleid mit ihm gehabt.

Zuerst haben ihn Kasriels Kinder, barfüßige Schuljungen, ausprobiert. Wenn keiner sie gesehen hat. Ob er fühlt wie ein Mensch oder nicht? Mit einem Stock leicht über das Fell — nichts, ein Kitzeln an den Füßen — nichts, einen Stüber über die Ohren — nur wenig. Erst nachdem sie mit Stroh sein weißes Auge mit dem grauen Star berührten, haben sie erst einmal gesehen, daß er wie ein Mensch fühlte, denn er hat mit den Augen gezwinkert und den Kopf hin und her geschüttelt, wie einer spricht: Nein, das nicht, das gefällt mir nicht.

Bald schon haben sie eine Rute von einem Reisigbesen erwischt und damit tief in seine Nase gestochen. Da hat Methusalem einen Sprung gemacht und einen Tanz aufgeführt und geschnaubt. Da kam Kasriel mit Geschrei angelaufen: »Lümmel, freche Kerle, was macht ihr mit dem Pferd? In die Schule, Taugenichtse!«

Und der Verein hat die Füße auf die Schultern genommen und ist ins Schulhaus hinein.

Dort, im Schulhaus, gab es einen rüpeligen Jungen, einen Draufgänger namens Rubele, Gott möge ihn beschützen und erretten! Seine eigene Mutter hat über ihn gesagt: »Vor solchen Kindern soll man bewahrt sein und nur spärlich sollen sie aufwachsen.« Die Pflicht wäre, jeden einzeln bis auf die Knochen zu vertilgen. Kein Keller, kein Boden, aus dem er nicht entwischte. Er jagte Hühner, Gänse oder Enten, erschreckte Ziegen, quälte Katzen, schlug Hunde, von Schweinen gar nicht zu reden — das war sein Vergnügen. Die Hiebe der Mutter, die Prügel vom Schulmeister und die Schläge von Wildfremden waren umsonst, und die Flüche, mit denen man ihn belegte, waren wie eine Erbse gegen eine Wand. Bald, hatte man ihn geschlagen, schien es, er weinte Tränen, er kehrte sich gar zur Seite — aha! Doch Rubele hat schon die Zunge herausgestreckt, mit der Unterlippe eine Grimasse gezogen oder die Backen aufgeblasen. Und zwei Backen hat er gehabt wie Pfannkuchen. Ständig war er gesund und immer fröhlich, seine Mutter, eine einsame Witwe, plagte sich bis auf den Tod und zahlte für ihn jeweils einen Silberrubel Schulgeld — das war jedoch nicht sein Fall.

Als Rubele von Kasriels Kindern erfuhr, daß ihr Vater vom Jahrmarkt ein Pferd gebracht hatte, das Methusalem hieß, ist er auf eine Bank gesprungen, hat mit beiden Händen die Nase gerieben und aus voller Kehle gerufen: »Kinder, wir haben schon einen Geigenbogen!«

Zu bemerken ist, daß Rubele schon von klein auf Musikinstrumente liebte, gekommen ist das von einer Fiedel, und wirklich, in ihm regte sich das Leben, wenn er eine spielen hörte. Und dazu hatte er eine schöne Stimme, konnte alle Melodien auswendig. Er träumte davon, erwachsen zu werden und sich eine Fiedel zu kaufen, um Tag und Nacht auf ihr zu spielen. Inzwischen hatte er sich aus einem kleinen Stück Holz eine Fiedel gebaut, mit Fäden anstelle von Saiten, weswegen ihn seine Mutter verprügelt hatte.

»Ein Musikant soll aus dir werden? Nie will ich das erleben!«

Am Abend, wenn Chajim-Chune, der Schulmeister, die Schüler entlassen hatte, sind sie alle des Wasserträgers Kasriel Pferd begrüßen gegangen. Zuerst hat Rubele gesagt, daß das Pferd ein ausgezeichnetes Pferd wäre. Sein Schwanz würde so viele Saiten geben, wie man braucht.

Und Rubele hat sich langsam von hinten an Methusalem herangeschlichen und hat angefangen Haare aus seinem Schwanz zu ziehen. Solange Rubele die Haare einzeln

herausriß, blieb Methusalem ruhig stehen, wie einer spricht: »Ein Haar vom Schwanz? Was kann das schaden? Dann wird eben auch die eigene Geschichte um ein Haar winziger sein!« Aber als Rubele den Schwanz packte, hat das Methusalem schon sehr verdrossen, und er sagte sich: Laß ein Schwein in die Stube herein, schon kriecht es auf den Tisch. Und nicht lange nachgedacht, stieß er Rubele den Huf gleich in die Zähne hinein und schlug beide Lippen auf.

»So mußte es kommen! Schleich nicht so herum! Ach, welchen Kummer muß ich noch ertragen.«

So hat seine Mutter Jenta, die Stammelnde, gesprochen, hat die Lippen gekühlt, geweint, die Hände gerungen und ist zu Chjene, dem Feldscher, gelaufen; für sie war die Welt zusammengebrochen.

Rubele war Gott sei Dank ein Kind, bei dem alles schnell verheilt. »Wie bei einem Hund.« Ehe man sich herumgedreht hat, war bei ihm die Lippe schon wieder zugewachsen. Als ob gar nichts gewesen ist. Und er hat sich schon eine neue Sache ausgedacht; man muß einmal auf Methusalem reiten, und zwar alle Schuljungen auf einmal. Aber wann und wie macht man das so, daß keiner es merkt? Da ist Rubele auf die Idee gekommen, daß das nur am Sabbat möglich ist, während die Leute essen und ruhen. Dann kann man ganz Kasrilewka mit Sack und Pack nehmen und hinwegtragen. Doch hat sich ein Schüler dem entgegengestellt: »Ist es recht, daß ein Jude sich am Sabbat fortbewegt?« Darauf erwiderte Rubele: »Dummkopf! Heißt das denn verreisen?«

Der Tag des Sabbat war gekommen, die Leute hatten gegessen, sich zur Ruhe gelegt; und Kasriel und Kasrielicha ebenfalls. Nun schlichen sich die Lausejungen langsam ins Haus des Wasserträgers, und Rubele nahm Methusalem und putzte ihn auf. Von der Mähne verflocht er alle

Haare zu etlichen Zöpfen und verzierte sie mit Stroh. Danach setzte er ihm einen hohen weißen Papierhut auf den Kopf, den er mit Bändern um den Hals band. Nachdem alles fertig war, band er ihm einen alten Besen an den Schwanz, damit er schöner und länger wurde. Und der Verein hat begonnen aufzusitzen, einer über den anderen ist auf Methusalem gekrochen. Die ersten saßen auf dem Pferd, die übrigen wollten sich später daraufsetzen, und derweilen liefen sie hinterher, halfen mit, Methusalem anzuschreien, daß er ein bißchen geschwinder laufen sollte, und sangen: »So wird es dem Pferd vergolten, dem Rubele nun seine Ehre erweist!«

Methusalem hat aber keine Lust gehabt zu laufen und ist Schritt für Schritt gegangen, denn hat er erstens keine Zeit gehabt. Und zweitens war doch gerade heute ein Tag der Ruhe! Rubele hat aber nicht aufgehört, das Pferd anzutreiben, »hü!« zu rufen, es zu drängen und zu schlagen und nach allen Kräften den Freunden zuzurufen: »Ist euch der Geist eures Vaters Vater erschienen? Was schweigt ihr?«

Und Methusalem ist immer noch Schritt für Schritt gegangen und hat sich dabei gedacht: Wilde Jungen machen ihr Spiel, nun, sollen sie spielen …

Doch als sie angefangen haben, ihn zu schlagen, ihn zu jagen und mit den Händen zu belästigen, ist Methusalem schneller gelaufen, und weil er schneller gelaufen ist, begann ihm hinten der Besen in die Füße zu schlagen, und so lief er noch schneller, und der Besen schlug noch stärker, da begann er zu springen. Die Burschen haben sich gefreut, und Rubele hat ihn weiter gehetzt und geschrien: »Hopp, hopp, hopp!« Er hüpfte so lange, bis sie einzeln herunterfielen – wie Mehlklöße. Und als Methusalem alle hinabgeworfen hatte und fühlte, daß er frei war, da erst begann er wie verrückt zu laufen, und er ist geschmeidig ge-

laufen und gelaufen bis jenseits der Mühle, weit hinter die Stadt hinaus.

Wilde Burschen, Hirten, sahen das merkwürdige Pferd mit dem hohen papiernen Hut laufen und begannen eine Hatz, rannten ihm hinterher und warfen nach ihm mit Stöcken und hetzten die Hunde auf das Pferd. Diese Hunde, Köter sollte man sagen, ließen sich nicht lange bitten und jagten es, bissen und rissen. Etliche haben es von hinten an den Waden gepackt, andere von vorn, an der Gurgel, und Methusalem begann zu wiehern. So lang und so sehr, bis sie ihm das Ende bereitet hatten.

Schon am nächsten Tag hat die ganze Gesellschaft ihre ordentliche Bestrafung bekommen. Außer den zerschlagenen Nasen und den verbeulten Stirnen vom Herunterfallen haben sie zu Hause ihre Prügel erhalten und auch Schläge von Chajim-Chune, dem Schulmeister. Und am meisten hatte natürlich Rubele verdient wegen aller übrigen Jungen, die heulten wenigstens, als man sie verprügelte.

Doch Rubele hat, genau umgekehrt, noch gelacht, da wurde er noch mehr geschlagen, aber je mehr man ihn prügelte, desto mehr lachte er, bis auch Chajim-Chune, der Schulmeister, zu lachen anfing und alle Schüler. Es wurde solch ein Gelächter, daß alle Nachbarn und andere Menschen, Juden und Weiber, Jungen und Mädchen, von der Gasse zusammenliefen.

»Was ist? Was ist das für ein Lachen? Worüber lacht man?« Keiner konnte auch nur ein Wort sagen, so sehr hat man gelacht. Da haben jene, die neu hinzukamen, sich von dem Lachen anstecken lassen, und begannen auch zu lachen, und da haben die ersten noch mehr gelacht, und die anderen, sie sehend, lachten noch stärker — mit einem Wort: Vor Lachen haben die Bäuche gewackelt, lachend hielt man sich die Seiten.

Nur zwei Menschen haben nicht gelacht. Das waren Kasriel, der Wasserträger, und sein Weib Kasrielicha. Wenn ein Kind, Gott behüte, das Heim verläßt, ich weiß nicht, ob man da soviel weinen muß, wie Kasriel und Kasrielicha wegen ihres großen Verlustes geweint haben, wegen ihres armen Pferdes — was für ein Jammer! — wegen Methusalem.

Von dieser Auflage wurden die Exemplare 1 bis 100 numeriert.
Sie enthalten eine nicht eingebundene Kaltnadelradierung
von Regine Grube-Heinecke

Exemplarnummer

1. Auflage 1988
Lizenznummer 369-110/43/88

Typografie, Einband und Schutzumschlag: Detlef Ringer
Übersetzung: Manfred Kaun
Lichtsatz: INTERDRUCK Graphischer Großbetrieb Leipzig – III/18/97
Reproduktion: Druckerei Neues Deutschland, Berlin
Druck: Graphischer Betrieb Jütte, Leipzig
Buchbinderische Verarbeitung:
INTERDRUCK Graphischer Großbetrieb Leipzig – III/18/97
785 636 7 01200

ISBN 3-357-00035-0